CB081866

ANTÍGONA

Coleção
Clássicos Gregos

SÓFOCLES

Édipo Rei

Antígona

HERÁCLITO

Fragmentos Contextualizados

VIRGÍLIO

Eneida

SÓFOCLES

ANTÍGONA

6ª EDIÇÃO

Traduzida diretamente do grego

por

DOMINGOS PASCHOAL CEGALLA

Rio de Janeiro
2020

DIFEL

Capa: Rodrigo Rodrigues

Editoração: DFL

Impressão: Divisão Gráfica da Distribuidora Record

Texto revisado segundo o novo
Acordo Ortográfico da Língua Portuguesa.

2020
Impresso no Brasil

CIP-Brasil. Catalogação na fonte
Sindicato Nacional dos Editores de Livros, RJ

S664a Sófocles, 496 a.C.-405 a.C.
6ª ed. Antígona/Sófocles; traduzido diretamente do grego por Domingos Paschoal Cegalla. – 6ª ed. – Rio de Janeiro: DIFEL, 2020
114 p.

ISBN 978-85-7432-014-4

1. Tragédia grega. I. Cegalla, Domingos Paschoal, 1920-. II. Título.

CDD - 882
00-1621 CDU - 875-2

DIFEL – selo editorial da
EDITORA BERTRAND BRASIL LTDA.
Rua Argentina, 171 – 3º andar – São Cristóvão
20921-380 – Rio de Janeiro – RJ
Tel.: (0xx21) 2585-2000 – Fax: (0xx21) 2585-2084

Atendimento e venda direta ao leitor:
sac@record.com.br

APRESENTAÇÃO

Depois de *Édipo Rei, Antígona* é, sem dúvida, a tragédia de Sófocles mais conhecida e apreciada. Representada pela primeira vez em Atenas, no ano 441 a.C., ainda hoje é capaz de despertar no leitor belos e fortes sentimentos e profundas emoções.

A protagonista da peça de teatro, Antígona, filha de Édipo, donzela enérgica e destemida, resiste e desobedece a um decreto de Creonte, rei de Tebas, e é, por isso, condenada à morte.

Por determinação de Creonte, o corpo de Polinices (irmão de Antígona), que morreu lutando contra Tebas, deve ficar insepulto, entregue aos cães e às aves de rapina. Contra essa ordem desumana insurge-se Antígona. Sozinha, cobre com terra o cadáver do irmão e faz sobre ele as libações do ritual. Surpreendida pelos guardas, é presa e levada à presença de Creonte. Antígona justifica a sua piedosa ação dizendo destemidamente ao rei:

"Eu não creio que teus decretos, escritos pela mão de um mortal, possam ser superiores às leis não escritas e imutáveis dos deuses. Eu estava convicta de que não devia, por temor da arrogância de um homem, transgredir essas leis, que não são de hoje nem de ontem, mas são eternas e vigoram em todos os tempos."

Obcecado pelo orgulho e o ódio, Creonte não volta atrás de sua decisão, e as consequências trágicas explodem, uma após outra, de todos os lados.

Sófocles conduz a ação dramática e entrelaça os acontecimentos com admirável mestria, de modo a manter o leitor em crescente expectativa até o desenlace.

Os diálogos são vigorosos, vibrantes, pontilhados de ironias. Espelham com nitidez os sentimentos e o caráter dos personagens.

No final de cada episódio, o Coro, composto de provectos cidadãos tebanos, manifesta suas impressões acerca dos acontecimentos, faz reflexões de caráter moral, expressa suas apreensões, invoca o auxílio dos deuses, canta o poder do homem e a força do Amor e deplora a triste sorte de Antígona, a heroína que dá a vida pelo extinto irmão.

É nos versos cantados pelo Coro que se manifesta o lirismo singelo e encantador de Sófocles.

Sófocles nasceu em Colono, burgo da Ática, por volta de 496 a.C.

Estudou e viveu em Atenas ao longo do século V, o século de Péricles, sem dúvida o mais brilhante período da civilização grega. Sua longa vida, que se extinguiu em 405, ele a dedicou quase exclusivamente à arte dramática.

Escreveu mais de cem peças, mas apenas sete chegaram até nós. Dentre essas destacam-se, pelo seu estilo e beleza trágica, *Antígona* e *Édipo Rei.* Foi o poeta mais premiado de seu tempo.

Espírito equilibrado e sereno, dramaturgo de raro talento, cedo conquistou a glória e granjeou a simpatia dos atenienses, que depois da morte dele lhe ergueram um pequeno santuário, onde o veneravam como a um herói.

É oportuno lembrar que o teatro grego não era um recinto fechado, mas aberto, sem cobertura, ao ar livre. As arquibancadas para os espectadores, construídas nas encostas de colinas, formavam um grande semicírculo, na frente do qual ficava a *orquestra*, área circular destinada aos atores, ao Coro e aos músicos. Atrás da orquestra, bem visível aos espectadores, erguia-se o cenário. Ainda existem ruínas desses teatros gregos, como o *Teatro de Dioniso*, em Atenas, e o de *Epidauro*, o mais bem conservado.

Os atores usavam grandes máscaras amplificadoras da voz e altos coturnos para lhes aumentar a estatura.

Como todas as tragédias gregas, *Antígona* foi composta em versos. Adotei a forma poética apenas na parte lírica. Quanto aos diálogos, optei pela tradução em prosa, que tem a dupla vantagem de imprimir à fala dos personagens mais naturalidade e de permitir expressar com maior fidelidade e precisão o conteúdo do texto original.

A minha tradução se baseia no texto do helenista italiano P. Cesareo[1] e no de M. Fr. Dübner[2]. Excluí os versos 904 — 920, geralmente considerados espúrios, indignos de Sófocles e de sua heroína.

É com satisfação que entrego ao público a tradução, em língua portuguesa, desta bela criação dramatúrgica de Sófocles, uma obra-prima da literatura universal, cuja leitura proporciona, além do prazer estético, altos ensinamentos de ordem política e moral.

DOMINGOS PASCHOAL CEGALLA

---

1 P. Cesareo, *Antigone*, Torino, Chiantore, 1940.

2 M. Fr. Dübner, *Antigone*, Paris, Lecoffre, 1884.

PERSONAGENS

ANTÍGONA, filha de Édipo e de Jocasta

ISMENE, irmã de Antígona

CREONTE, rei de Tebas, tio de Antígona, irmão de Jocasta

EURÍDICE, rainha, esposa de Creonte

HÊMON, filho de Creonte e noivo de Antígona

TIRÉSIAS, adivinho, velho e cego

GUARDA, serviçal de Creonte

MENSAGEIRO

PAJEM do palácio real

CORO, grupo de anciãos tebanos

CORIFEU, mestre do Coro

Obs. — Antígona e Ismene moram com o tio, no palácio real.

CENÁRIO

A ação se desenvolve na frente do palácio dos reis de Tebas. Inicia-se na manhã do dia seguinte à derrota dos argivos, que haviam atacado Tebas, na guerra dos Sete Chefes.

Estão em cena Antígona, que havia chegado do campo, e Ismene, sua irmã.

PRÓLOGO

ANTÍGONA E ISMENE

ANTÍGONA

Ismene, minha irmã querida, conheces dentre as muitas desgraças oriundas de Édipo[1], uma só que Zeus[2] não tenha descarregado sobre nós, que ainda estamos vivas? De fato, nenhuma aflição existe, nenhum infortúnio, opróbrio ou vilipêndio, que não faça parte da tua e da minha desgraçada vida. Que dizer desse decreto que, segundo dizem, Creonte[3] acaba de promulgar para toda a cidade? Tens conhecimento dele? Ouviste alguma coisa a respeito? Ou ignoras que sobrevieram para os nossos amigos castigos que só se infligem a inimigos?

---

[1] *Édipo*. Rei lendário de Tebas. Sem saber, matou seu pai e desposou a própria mãe, Jocasta. Desse conúbio incestuoso nasceram Antígona, Ismene, Etéocles e Polinices. A trágica história de Édipo inspirou a Sófocles a sua mais bela peça teatral, *Édipo Rei*.

[2] *Zeus*. Na mitologia grega, o deus supremo. *Júpiter*, entre os latinos.

[3] *Creonte*. Rei lendário de Tebas. Era irmão de Jocasta e tio de Antígona.

ISMENE

A mim não me chegou nenhuma notícia acerca dos amigos, nem boa nem má, desde a hora em que o destino nos arrebatou nossos dois irmãos, que no mesmo dia se entremataram[4]. Depois que, na noite passada, as tropas argivas[5] se retiraram, nada mais soube, nada que me tenha tornado mais feliz ou mais infeliz.

ANTÍGONA

Bem sabia eu que não estavas a par dos acontecimentos! Por isso foi que te chamei aqui, fora do palácio, a fim de que só tu me possas ouvir.

ISMENE

Mas o que há? Estás tão pensativa e inquieta, Antígona?

ANTÍGONA

Como posso estar tranquila, se Creonte tratou com tão iníqua diferença nossos dois irmãos, concedendo a um a honra da sepultura e ordenando que o outro fique insepulto? A Etéocles, como é justo e honroso aos mortos, deu-lhe solene sepultura. Quanto ao infeliz Polinices, pelo contrário, dizem ter mandado proclamar que cidadão algum lhe sepulte o cadáver nem o lamente, mas que, sem

---

[4] Etéocles e Polinices entremataram-se na luta pelo poder. Etéocles recusou ceder ao irmão o trono de Tebas, o que levou Polinices a aliar-se a outros seis chefes de Argos, dando origem à guerra dos Sete Chefes, também chamada a guerra dos Sete contra Tebas.

[5] *Argivo*. Natural de Argos, cidade grega, no Peloponeso.

lágrimas e sem cova, seja abandonado às aves de rapina, que do alto o espreitam como deleitoso pasto.

Essas horríveis coisas, dizem, publicou-as o bom Creonte[6] contra ti e contra mim; contra mim também, repito. Dizem mais que ele virá aqui anunciar claramente essas determinações aos que as desconhecem, pois ele as leva muito a sério e comina àquele que as transgredir a pena de lapidação[7] perante o povo. Eis os fatos que não podes ignorar. Muito em breve irás mostrar se és filha bem-nascida ou filha indigna de nobres pais.

ISMENE

Mas, em tão duras circunstâncias, que valho eu para resolver alguma coisa, infeliz irmã?

ANTÍGONA

Vê se podes compartilhar os meus trabalhos e sofrimentos.

ISMENE

Em que empresa arriscada? Que tencionas fazer?

ANTÍGONA

Se podes ajudar estas mãos a carregar o cadáver de Polinices.

ISMENE

Pretendes sepultá-lo, mesmo contra a proibição de Creonte?

---

6 *O bom Creonte*. Por ironia, Antígona chama Creonte de bom.

7 *Lapidação*. Apedrejamento.

ANTÍGONA

Ainda que não queiras, sepultarei o meu e o teu estremecido irmão. Ninguém poderá acusar-me de o haver traído e covardemente abandonado.

ISMENE

Ó infeliz! Atreves-te a desacatar a proibição de Creonte?

ANTÍGONA

Creonte não tem o direito de me separar dos meus parentes.

ISMENE

Infeliz de mim! Pensa, Antígona, como nosso pai acabou, execrado e infame, tendo-se ferido os olhos com as próprias mãos por causa dos crimes que ele mesmo descobriu em si. Pensa como, em seguida, sua mãe e esposa — ela tinha duplo nome — pôs termo à própria vida num laço retorcido[8]. Pensa, finalmente, como nossos dois desventurados irmãos, no mesmo dia, se deram mutuamente a morte à mão armada, cumprindo um tristíssimo destino.

Hoje só restamos nós duas. Considera a morte cruel que nos aguarda, se, violando a lei, desafiarmos as ordens e o poder do rei. É preciso não esquecer, Antígona, que somos mulheres e que, portanto, não podemos lutar contra os homens. Por isso, já que somos governadas pelos que são mais fortes do que nós, cumpre-nos acatar não só as ordens recém-ditadas, mas também outras ainda mais duras do que essas. Eu, portanto, pedirei aos mortos que me per-

---

[8] Ao saber que era mãe de Édipo, Jocasta enforcou-se.

doem, pois é sob coação que me omito, e obedecerei, forçada, aos governantes. Querer realizar coisas acima do nosso alcance é insensatez, é loucura.

ANTÍGONA

Eu não mais te exortarei a fazer o que te peço, nem gostaria que me ajudasses, ainda quando o fizesses com prazer. Pensa e faze como quiseres, que o nosso irmão, eu mesma o sepultarei. Será belo para mim morrer cumprindo esse dever sagrado. Por ter cometido um santo delito[9], jazerei ao lado dele, a amiga junto do amigo.

O tempo em que deverei agradar aos mortos é mais longo do que aquele em que devo agradar aos vivos, pois sob a terra hei de repousar eternamente. Tu, se assim preferes, despreza as leis que os deuses tanto estimam.

ISMENE

Eu não desprezo as leis dos deuses, mas sinto-me impotente para agir contra a prepotência dos homens.

ANTÍGONA

Podes ficar aí, invocando pretextos; quanto a mim, apresso-me em dar sepultura ao meu irmão muito amado.

ISMENE

Ah, infeliz! Temo por ti.

---

[9] *Santo delito.* Observe-se o paradoxo, muito expressivo.

ANTÍGONA

Não temas por mim. Cuida, antes, do teu destino.

ISMENE

Mas, pelo menos, não reveles a ninguém o teu intento. Executa-o secretamente, que eu também guardarei absoluto silêncio.

ANTÍGONA

Nada de silêncio! Anuncia abertamente o meu plano. Se o calares, se não o apregoares a todos, meu ódio por ti será maior ainda.

ISMENE

Tu te inflamas falando de coisas que fazem gelar de pavor.[10]

ANTÍGONA

Mas sei que, assim agindo, agrado aos que mais o merecem.

ISMENE

Sim, se isso te for possível; mas estás buscando o impossível.

ANTÍGONA

Só desistirei quando as forças me abandonarem.

---

10 Sófocles pôs na boca de Ismene uma antítese muito expressiva: *inflamar-se / gelar*.

ISMENE

Em nenhum caso se devem buscar coisas irrealizáveis.

ANTÍGONA

Tuas palavras acirram o meu ódio e podem também valer-te o justo ódio de nosso extinto irmão. Deixa-me sofrer com meu louco intento a terrível punição, que espero não será tão grande que me impeça de morrer com glória.

ISMENE

Se julgas que deves ir, vai. Parte, porém, convencida de seres uma insensata, se bem que fiel amiga dos teus amigos.

Antígona retira-se para realizar o seu plano. Ismene entra no palácio. Na orquestra (espaço central do teatro, destinado às danças, aos músicos e ao Coro) entram os componentes do Coro, constituído de anciãos tebanos, e cantam solenemente o párodo, saudando a luz do sol matinal.

PÁRODO

(Canto de entrada do Coro)

CORO

1ª estrofe

Brilhaste, enfim, ó luz do sol nascente[1],
a mais bela e risonha luz que já brilhou
sobre a gloriosa Tebas, a de sete portas![2]
Abriste, finalmente, a tua pálpebra,
fulgente olho do dia,
e deslizando mansa e progressivamente
sobre as águas do Dirce[3],
aceleraste a fuga dos argivos,
de luzentes escudos e armaduras,
que no tumulto da corrida estrepitavam.

---

[1] O Coro rejubila-se com a chegada do dia, após uma noite de lutas, que terminaram com a vitória dos tebanos contra os argivos, aliados de Polinices.
[2] *Tebas*. Importante cidade da Grécia, palco das lendas de Édipo e da guerra dos Sete Chefes. Era cercada de muralhas e nela se entrava por sete portas.
[3] *Dirce*. Pequeno rio nas imediações de Tebas.

1ª antístrofe

Por causa de disputas, Polinices,
sublevando-se contra a nossa pátria,
lançou contra este solo o exército de Argos,
que sobre Tebas se atirou vociferante,
qual águia de asas brancas como a neve[4]
soltando horríveis pios e grasnidos.
Com porte marcial e bem armados,
elmo, couraça e escudo a protegê-los,
os guerreiros argivos ostentavam,
nos capacetes, crinas de cavalos
e alvos penachos flutuando ao vento.

2ª estrofe

Ergueu-se o monstro, de fauces hiantes,
contra os lares da gloriosa Tebas.
Em vão, com lanças ávidas de morte,
rondou, rugindo, a entrada inexpugnável.
Bateu em retirada, sem fartar-se
do nosso sangue e sem que as resinosas
tochas de Hefesto[5] o fogo transmitissem
à coroa de torres da cidade,
tão furioso e fulminante foi
o ataque de Ares[6], pela retaguarda
dos inimigos do dragão tebano[7].

---

4 *Asas brancas como a neve*. Alusão aos penachos brancos que encimavam os capacetes dos soldados argivos.

5 *Hefesto*. Na mitologia grega, o deus do fogo. É o Vulcano dos latinos.

6 *Ares*. O deus da guerra. É o deus Marte dos latinos.

7 *Dragão tebano*. Alusão à lenda, segundo a qual os primeiros habitantes de Tebas teriam nascido dos dentes de um dragão, morto por Cadmo, fundador da cidade. *Dragão tebano* equivale, portanto, a *Tebas*.

2ª antístrofe

Zeus, que abomina a empáfia e a jatância
das línguas arrogantes, presunçosas,
ao ver a tropa argiva aproximar-se,
numa enorme torrente impetuosa,
e a soberba que bem transparecia
no estrépito das armas reluzentes,
arroja-lhe seu raio coruscante
contra ela, que já se preparava
para soltar o grito de vitória
do alto das muralhas da cidade.

3ª estrofe

Tombou no chão, num baque retumbante,
na mão a tocha ardente, fulminado,
aquele que, há pouco, num frenético
impulso de furor, nos atacou,
impetuoso, respirando ódio.
Mas, no confronto, aconteceram fatos
diversos, pois o impetuoso Ares
distribuiu diferentemente
as sortes entre uns e outros chefes.

3ª antístrofe

Diante das sete portas se encontravam
os sete chefes, em bravura iguais,
que suas brônzeas armas entregaram,
como troféu, a Zeus triunfador,

exceto dois tebanos[8] infelizes,
filhos do mesmo pai, da mesma mãe,
que um contra o outro levantando as lanças,
em luta fratricida se mataram.

4ª estrofe

Mas visto que a ínclita Vitória[9]
chegou e rejubila-se com Tebas,
cidade poderosa e rica em carros,
os recentes combates esqueçamos
e visitemos já todos os templos
dos deuses, exaltando-os com danças
que se prolonguem pela noite afora.
Que Baco[10], estremecendo o chão de Tebas,
comande as nossas danças noturnais!

CORIFEU

Mas eis que vem chegando o novo rei,[11]
Creonte, soberano desta terra,
posto no trono por obra dos deuses
e dos recentes acontecimentos.[12]

---

8 *Dois tebanos*. Polinices e Etéocles.

9 *Vitória*. A Vitória personificada (*Nike*, em grego). Daí a inicial maiúscula.

10 *Baco*. Deus do vinho. Denominado também Dioniso. Conduzia alegres e frenéticos cortejos de sátiros e bacantes.

11 Logo após a morte de Etéocles e Polinices, assumiu o poder real Creonte, tio de Antígona.

12 *Recentes acontecimentos*. Referência ao conflito armado em que pereceram Etéocles e Polinices.

Que secretos desígnios estará
cogitando o monarca, pois, há pouco,
nos convocou a todos nós, anciãos,
para esta assembleia extraordinária?

Entra em cena o rei Creonte,
acompanhado de dois pajens.

PRIMEIRO EPISÓDIO

CREONTE, O GUARDA E O CORO

CREONTE

Senhores, os deuses agitaram com tormentosas vagas a nau do Estado, mas de novo a puseram no rumo certo. Preferindo-vos dentre todos os demais cidadãos, eu vos convoquei, por meio de emissários, primeiramente, porque sei que sempre respeitastes a autoridade real de Laio[1], em segundo lugar, porque no tempo em que Édipo soerguia a cidade, vós lhe fostes sempre fiéis e, mesmo depois de sua morte, continuastes a devotar constante fidelidade aos filhos dele.

Agora, visto que dois deles, entreferindo-se com mão criminosa e contaminadora, pereceram no mesmo dia, por comum e fatal destino, cabe-me a mim todo o poder e também o trono, conforme o direito que me assiste como parente próximo dos extintos.

Não é possível conhecer a alma, a índole e as ideias de um homem, antes que ele as manifeste no exercício do poder e na elaboração das leis. Por isso, a mim sempre me pareceu péssimo chefe de uma cidade o governante que não segue os mais prudentes

[1] *Laio*. Rei de Tebas e pai de Édipo.

conselhos e, por medo, mantém a boca fechada. Também não tenho a menor estima por aquele que prefere os seus amigos à sua pátria. Eu, portanto — seja testemunha do que digo Zeus onividente —, não poderei ficar calado diante da calamidade que veio afligir os cidadãos, nem acolherei jamais como amigo um inimigo da pátria, convencido como estou de que esta é a que salva e de que as verdadeiras amizades florescem só quando a barca da pátria navega com prósperos ventos.

À luz desses princípios é que trabalharei pelo engrandecimento da pátria, e pauta-se por eles a ordem que acabo de expedir, para todos os cidadãos, a respeito dos filhos de Édipo: a Etéocles, que morreu como um forte, em defesa da pátria, seja dada a sepultura com todos os ritos fúnebres que se devem aos mortos ilustres. Ao invés, quanto a seu irmão, Polinices, que, voltando do exílio, quis incendiar completamente a terra e os templos dos deuses pátrios, saciar sua vingança no sangue dos concidadãos e reduzir a escravos os sobreviventes, quanto a esse, repito, mandei proclamar para toda a cidade que ninguém lhe faça honras fúnebres nem o chore, mas que fique insepulto, com o cadáver dilacerado para pasto das aves e dos cães.[2]

Esta é a minha maneira de pensar: no que depender de mim, jamais os maus serão melhor tratados que os bons. Somente aquele que amar esta cidade será honrado por mim, tanto em vida como depois da morte.

CORO

A ti apraz fazer tais coisas, Creonte:
punir os que malquerem à cidade
e honrar os que sinceramente a amam.

---

2 Está bem delineada a personalidade contraditória de Creonte: um rei que prega a prudência e baixa ordens desumanas, inspiradas pelo ódio.

De certo modo,[3] tens todo o poder
de impor as leis do teu real agrado,
atinentes aos mortos como aos vivos.

CREONTE

Sede, pois, os observadores e fiscalizadores do cumprimento de minhas ordens.

CORO

Para tão pesado encargo,
escolhe, de preferência,
um mais jovem do que nós.

CREONTE

Já há guardas a postos para vigiar o cadáver.

CORO

Qual é, então, a tua ordem para os outros?

CREONTE

Não permitir que minha ordem seja desobedecida.

CORO

Quem é tão louco que deseje a morte?

---

[3] *De certo modo*. Com esta expressão, o Coro dá a entender, sutilmente, que não concorda em tudo com as ideias de Creonte, de modo particular com o edito, que fere uma lei que está acima das leis humanas.

CREONTE

Esta é, por certo, a paga. Mas a esperança do lucro leva, muitas vezes, os homens à perdição.

Chega um guarda, ofegante e temeroso.

GUARDA

Senhor, devo dizer-te que não foi por causa de ter corrido que estou chegando aqui esbaforido.[4] Por via da incerteza, parei muitas vezes e, dando meia-volta, arrepiava caminho. Muitas coisas me dizia o coração: "Infeliz! — dizia-me — por que correr? Lá chegando, serás punido. Coitado! Ficas parado, esperando o quê? E se Creonte vier a saber de alguém o que fizeste, como não haverás de chorar?" Revolvendo na mente essas ideias, vim andando devagar, de maneira que o caminho curto se tornou comprido. Enfim, venceu a resolução de apresentar-me a ti para te... embora não diga nada, vou falar assim mesmo, agarrado à esperança de não sofrer nenhuma punição, a não ser aquilo que estiver determinado pelo destino.

CREONTE

Que há? Por que essa hesitação?

---

4 É de se estranhar a presença deste personagem patusco numa tragédia. Sua linguagem cômica contrasta vivamente com a fala ameaçadora e terrível de Creonte.

GUARDA

Quero primeiro dizer-te o que particularmente me diz respeito: não fui eu quem fez aquilo, nem vi quem o fez. E não seria justo que eu fosse punido por uma coisa que não fiz.

CREONTE

Tens boa mira e sabes premunir-te depois que fazes das tuas. Teus circunlóquios estão a me dizer que algo de novo aconteceu.

GUARDA

É natural que se hesite antes de dar notícias más.

CREONTE

Afinal, não te resolves a falar? Dize o que ocorreu, e vai embora.

GUARDA

Pois bem, eu te conto. Alguém, há pouco, enterrou o cadáver; cobriu-o com terra seca, fez sobre ele o ritual de costume e retirou-se.

CREONTE

Que dizes? Qual foi o homem que teve esse atrevimento?

GUARDA

Não sei. Lá não se notou vestígio algum, nem de pá nem de enxada. A terra estava lisa, o solo sem fendas nem sulcos de rodas.

E é muito de ver que o autor não tenha deixado pistas. Quando a aurora rompia no oriente, hora em que é escalada a primeira sentinela do dia, estávamos em presença de um fato estranho e desagradável: não se via o morto, mas não estava sepultado; cobria-o uma fina camada de pó, ato religioso de alguém que quis evitar uma impiedade.[5] No chão não se via nenhuma pista de fera ou de cães que pudessem ter vindo dilacerar o cadáver.

Então os guardas, com grande alarido, começaram a acusar-se uns aos outros. E teriam certamente se atracado, se não houvesse quem os impedisse. Cada um de nós suspeitava dos outros, mas não havia prova certa contra ninguém.

Cada qual afirmava não saber de nada e dizia-se inocente. Estávamos prontos a levantar um ferro em brasa com as mãos, a atravessar o fogo, a jurar pelos deuses, para provar que aquilo não tinha sido obra nossa e nem sabíamos quem a executara. Por fim, como não havia mais nada que investigar, um de nós tomou a palavra, obrigando-nos todos a baixar a cabeça, de medo, pois não sabíamos o que lhe responder, já que não fora louvável o nosso desempenho. Disse que o fato não devia ser ocultado, mas levado ao conhecimento do rei. A sugestão dele foi aceita e, por sorteio, o esplêndido prêmio coube a este infeliz. Aqui estou, contra o meu gosto e contra o gosto teu, pois ninguém gosta de mensageiros de más notícias.

CORIFEU

Há muito tempo, ó rei, que me pergunto
se tudo isso não se deve aos deuses.

---

[5] Considerava-se impiedade não enterrar o corpo de um morto ou, pelo menos, não o cobrir com um pouco de terra, porque, não o fazendo, privava-se a alma dele de entrar no Elíseo, morada dos justos.

CREONTE

Cala-te, antes que também tu me irrites! Queres passar por velho e insensato? É intolerável o que dizes. Os deuses velarem o cadáver de um ímpio? Acaso é admissível que os deuses deem sepultura, como a honrado benfeitor, àquele que veio incendiar-lhes os templos com seus tesouros sagrados e destruir-lhes a terra e as leis? Onde já se viu os deuses honrarem os maus? Isso não é possível!

Desde muito que certos cidadãos, descontentes, meneando a cabeça às ocultas, murmuravam contra mim e relutavam em submeter a cerviz ao meu jugo, como era do meu agrado e do meu direito. Agora estou convicto de que os guardas foram subornados por eles para executarem a obra. Entre os homens, nada há como o dinheiro para gerar os maus costumes. Ele devasta as cidades e expulsa os homens de seus lares. Corrompe até o coração dos bons e ensina-lhes práticas torpes. O dinheiro induz os homens ao crime e estila-lhes na alma toda sorte de impiedades.

O rei volta-se para o guarda.

Todos os mercenários que executaram o plano terão algum dia a sua paga. Se Zeus ainda acolhe a minha veneração, guarda bem isto, falo-te com juramento: se tu e teus cúmplices não achardes e se não trouxerdes à minha presença o autor desse sepultamento, não escapareis da morte antes de, enforcados vivos, me confessardes a ousadia. Sabereis, no futuro, onde se podem auferir proveitos, e aprendereis, uma vez por todas, que não é lícito buscar vantagens a qualquer preço.

Espero que entendas que a ganância tem causado aos homens mais desgraças do que alegrias.

GUARDA

Permitirás que eu fale ou devo retirar-me?

CREONTE

És tão pouco inteligente que me vens com perguntas irritantes?

GUARDA

Magoei-te os ouvidos ou a alma?

CREONTE

Acaso queres compassar as minhas dores, perguntando onde elas estão?

GUARDA

O malfeitor te feriu a alma, enquanto eu te magoei apenas os ouvidos.[6]

CREONTE

Oh! Que grandessíssimo tagarela nasceste!

GUARDA

Sim, mas não fui eu quem fez aquilo. Isso nunca!

---

[6] O guarda quis dizer que o autor do (suposto) crime feriu a alma de Creonte, enquanto que ele, guarda, dando a notícia, lhe feriu apenas os ouvidos.

CREONTE

E, além disso, vendeste a alma por dinheiro.

GUARDA

Ah! Como é duro ter de lidar com quem suspeita, sobretudo quando suspeita coisas falsas!

CREONTE

Podes fazer frases bonitas com as minhas suspeitas. Se tu e teus colegas não me trouxerdes os autores do crime, havereis de proclamar bem alto que o lucro sórdido só causa desgraças.

Ditas essas palavras, Creonte retira-se e entra no palácio.

GUARDA

Que se procure, sim, o culpado. Mas, seja ele preso ou não — o destino é que decidirá —, tu não me verás mais aqui.[7] Por ora, após ter escapado desta com vida, contra toda a esperança, sou muito reconhecido aos deuses.

O guarda retira-se apressadamente.

---

[7] *Tu não me verás mais aqui.* Essas palavras, proferidas em voz baixa e com raiva, são endereçadas a Creonte, já distante, entrando no palácio.

CORO

1ª estrofe

Maravilhas sem conta há neste mundo,
mas a maior de todas é o homem.
Ele transpõe os espumosos mares,
ao sopro do tempestuoso noto,[8]
cortando as vagas que ao redor lhe rugem.
Amanha, ano após ano, a inesgotável
Terra imortal, dos deuses mãe suprema,
sulcando-a, revolvendo-a com arados,
que os mulos puxam, num vaivém moroso.

1ª antístrofe

Com laços e armadilhas aprisiona
os animais selvagens e os voláteis;
captura em suas redes bem tecidas
os peixes e outros seres submarinos.
Homem habilidoso e criativo!
Ele domina com seus apetrechos
os animais dos campos e dos montes,
submete ao jugo o indômito cavalo
de bastas crinas e o robusto touro,
que nos montes ostenta o seu vigor.

2ª estrofe

Ele aprendeu a fala, os pensamentos
alados, bem mais rápidos que o vento,

---

8 *Noto*. Vento que sopra do sul, trazendo a chuva.

e as leis da convivência social.
Das duras intempéries se defende,
prudente, se protege contra as setas
dos gelos e das chuvas fustigantes.
É prevenido e fecundo em recursos,
o inesperado sempre o encontra alerta.
Só não tem meios pra fugir da morte,
porém não cansa de buscar remédios
que desbaratem males incuráveis.

2ª antístrofe

Dotado, além do que esperar se possa,
de talento inventivo e criador,
às vezes busca o mal, outras, o bem.
Se ele respeita e cumpre as leis da pátria
e se obedece às normas da justiça,
que jurou, pelos deuses, acatar,
conquista a honra e a glória em sua terra.
Quando, ao invés, levado pela audácia,
pactua com a desonestidade,
então, é um sem-pátria, não faz jus
ao nome singular de cidadão.
Jamais tal homem no meu lar se assente.
Que fique longe dos meus pensamentos.

Ao ver o guarda trazendo Antígona amarrada, o Coro exprime o seu pasmo e faz uma série de indagações.

Estou pasmado, atônito, perplexo
ante este fato prodigioso, incrível.

Como negar, se a vejo, que é Antígona
a jovem que ora está se aproximando?
Ah! Infeliz, mil vezes infeliz
filha de Édipo, pai desventurado!
O que houve? Acaso desobedeceste
às determinações do nosso rei?
Trazem-te porque foste surpreendida
a cometer tal ato de loucura?

SEGUNDO EPISÓDIO

CREONTE, O CORIFEU, O GUARDA, ANTÍGONA E ISMENE

Entra o guarda trazendo Antígona amarrada.

GUARDA

Aqui está aquela que fez a obra. Pilhamo-la a sepultar o morto. Mas onde está Creonte?

CORIFEU

Ei-lo que sai, em boa hora, do palácio.

CREONTE

Que está acontecendo? Por que em boa hora?

GUARDA

Senhor, não existe nada que os homens possam jurar não fazer, pois a reflexão mostra o que nossas resoluções têm de errado.

Depois que me atormentaste com aquelas tuas ameaças, prometi a mim mesmo nunca mais voltar aqui. Mas, como as alegrias são mais intensas quando não as esperamos, descumpri minha promessa e retornei para trazer esta donzela, que foi surpreendida a cumprir fúnebres ofícios. Desta vez, não houve sorteio. Esta que trago é um feliz achado meu, de mais ninguém. E agora, senhor, toma tu mesmo a ré, interroga-a, julga-a e decide como quiseres. Quanto a mim, é justo que fique livre desses apertos todos.

CREONTE

Em que lugar e como a surpreendeste?

GUARDA

Ela estava sepultando o homem: eis tudo.

CREONTE

Compreendes bem, é mesmo verdade o que estás dizendo? Acaso não estás enganado?

GUARDA

Eu a vi com estes olhos sepultando o cadáver que proibiste sepultar. Será que me exprimi agora com clareza e limpidez?

CREONTE

E como foi vista e surpreendida em flagrante?

GUARDA

O caso foi assim. Logo que voltamos, levando nos ouvidos aquelas tuas ameaças, limpamos todo o pó que encobria o cadáver, despimos com cuidado o corpo já em decomposição e, afastando-nos a correr, fomos sentar no alto de uma colina, ao abrigo das exalações fétidas. Quando algum de nós se descuidava de vigiar o cadáver, os outros o incitavam com xingações a ficar atento. E assim permanecemos até que o disco brilhante do sol alcançou o centro do céu. O calor era intenso.

Eis que, de repente, um furioso furacão, soprando da terra e trazendo a tempestade — celeste convulsão —, varreu toda a planície, violentando as frondes das árvores. O grande espaço celeste escureceu. Nós, de olhos fechados, aguentamos o açoite dos deuses.

Depois que a tormenta se dissipou, vimos esta jovem lamentar-se como a ave aflita que desfere tristes pios quando encontra o ninho vazio, sem filhotes. Assim que ela viu o corpo descoberto, dando grandes gemidos, proferiu terríveis maldições contra os sacrílegos autores daquela obra. E apressou-se em derramar terra seca sobre o cadáver; em seguida, erguendo um vaso de bronze bem lavrado e entornando-o, fez sobre o morto tríplice libação.

Vendo isso, corremos para ela e a prendemos prontamente, mas sem feri-la. Acusamo-la do que fizera antes e do que acabara de fazer. Ela nada negou.

A mim isso ao mesmo tempo me alegra e me entristece. Alegra-me porque me livrou do castigo que me ameaçava. Entristece-me porque estou conduzindo meus amigos para o sofrimento. Mas, afinal, tudo isso é para mim menos importante que a minha própria salvação.

CREONTE

(*Dirigindo-se a Antígona.*) Pergunto a ti, que estás de cabeça baixa: foste ou não foste tu quem fez aquilo?

ANTÍGONA

Não o nego. Fui eu mesma.

CREONTE

(*Dirigindo-se ao guarda.*) Podes ir para onde quiseres, livre e aliviado da grave acusação.

Sai o guarda. Creonte dirige-se a Antígona.

Responde sem rodeios e em poucas palavras: sabias que eu publiquei um aviso proibindo o que acabas de fazer?

ANTÍGONA

Sabia. Por que não? A ordem era clara.

CREONTE

Portanto, ousaste transgredir esta lei?

ANTÍGONA

Não foram, decerto, Zeus nem aquela que tem seu assento entre as divindades protetoras dos mortos, a Justiça, os que promulgaram e prescreveram tais leis aos homens. Eu não creio que teus decretos, escritos pela mão de um mortal, possam ser superiores às leis não escritas e imutáveis dos deuses.[1] Elas não são de hoje nem de ontem, mas são eternas, vigoram em todos os tempos e ninguém sabe quando nasceram. Eu tinha para mim que não devia, por temor da arrogância de um homem, transgredir essas leis e ser castigada pelos deuses. De sobra sabia eu que deveria morrer (como não?), mesmo quando não publicasses a tua ordem. Aliás, considero um bem, um lucro morrer prematuramente. Qual é aquele que, levando, como eu, vida muito atribulada, não tira proveito em morrer? Por isso, uma vez que a morte é meu destino, pouco se me dá do sofrimento. Se eu tivesse tolerado que o cadáver do filho de minha mãe ficasse insepulto, isso sim me atormentaria; mas, ao invés, o ter-lhe dado sepultura não me dói nem me aflige. Se, portanto, o que fiz te parece loucura e insensatez, é bem possível que essa pecha parta da boca de um louco.

CORIFEU

Indômita se mostra a índole da jovem,
espelho claro e fiel da rigidez do pai:
não cede, não se dobra diante do infortúnio.

CREONTE

(Dirigindo-se a Antígona.) Mas fica tu sabendo que a tua obstinada soberba no fim há de dobrar-se. Também o duríssimo ferro,

[1] Este é, sem dúvida, um dos pontos altos desta tragédia, no qual Sófocles põe frente a frente a sua heroína e Creonte, soberano prepotente e cruel. A destemida Antígona justifica o seu "santo delito" com um argumento irrefutável: as leis divinas estão acima das leis humanas. Enfrenta a tirania e dá a vida por seu irmão morto. Um comovente exemplo de coragem e de amor fraterno.

quando tratado a fogo, se torna frágil e quebradiço. Aprendi que cavalos fogosos se domam com freio curto. Não deve mostrar-se arrogante aquele que é escravo dos que o cercam.

(Dirigindo-se ao Coro.) Foi com inteira consciência de estar cometendo um ato insolente que ela transgrediu as leis que estabeleci. É insolência, é descaramento cometer um delito e depois vangloriar-se e alegrar-se de o haver cometido. No dia em que esta mulher tripudiar impunemente sobre mim, eu deixarei de ser homem e ela tornar-se-á homem. Embora seja filha de minha irmã e a mais próxima, pelo sangue, de todos os parentes da minha família, nem ela nem sua irmã escaparão de tristíssimo destino.

(Dirigindo-se aos criados para que chamem Ismene.) Chamai-a aqui, pois acabo de vê-la dentro do palácio, a exasperar-se, fora de si. A alma dos que tramam na sombra alguma negra ação já os está denunciando antes de perpetrarem o crime. Detesto pessoas que, ao serem pilhadas a fazer o mal, procuram disfarçá-lo com o bonito nome da virtude.

ANTÍGONA

Queres fazer alguma coisa pior do que prender-me e matar-me?

CREONTE

Nada mais quero. Fazendo isso, terei feito o que desejo.

ANTÍGONA

Por que demoras, então, a realizar o teu desejo? Em tuas palavras nada há — e jamais haja! — que me possa agradar, assim como nas minhas, naturalmente, só encontrarás motivo para me odiar. Poderia eu realizar ato mais glorioso do que dar sepultura a meu irmão? Se o temor não lhes fechasse a boca, todos estes cidadãos haveriam de aprovar o meu gesto a altas vozes. Mas a tirania desfruta, entre muitas outras vantagens, a de fazer e dizer o que lhe apraz.

CREONTE

Dos descendentes de Cadmo és a única que pensa assim.

ANTÍGONA

Também eles pensam assim. Diante de ti, porém, fecham a boca, de medo.

CREONTE

E tu, não te envergonhas de pensar diferentemente deles?

ANTÍGONA

Honrar os irmãos não é e nunca foi ação vergonhosa.

CREONTE

Acaso não é também teu irmão o que pereceu lutando contra ele?

ANTÍGONA

Irmão nascido da mesma mãe e do mesmo pai.

CREONTE

Como então podes tributar àquele honras fúnebres que para Etéocles são ímpias?

ANTÍGONA

Etéocles não confirmaria o que tu dizes.

CREONTE

Sim que confirmaria, pois honras um ímpio, o que para ele é uma afronta.

ANTÍGONA

Ele não morreu como escravo, mas como irmão de Etéocles.

CREONTE

Devastando a terra pátria, e o irmão, enfrentando-o para a salvar.

ANTÍGONA

Hades,[2] contudo, exige leis iguais para todos.

---

2 *Hades*. Deus dos infernos, isto é, da morada dos mortos, na mitologia grega. Antígona quis dizer que os mortos têm os seus direitos, pois a morte iguala a todos.

CREONTE

Mas os bons não terão, certamente, a mesma sorte, o mesmo tratamento dispensado aos maus.

ANTÍGONA

Quem sabe se lá embaixo, na morada dos mortos, não se tem a minha ação na conta de pura e santa?

CREONTE

Um inimigo não pode ser considerado amigo nem depois de morto.

ANTÍGONA

Eu não nasci para odiar, mas para amar.

CREONTE

Se nasceste para amar, vai agora amar os teus irmãos debaixo da terra, que eu, enquanto for vivo, não me deixarei governar por mulheres.

Chorando muito, Ismene sai do palácio acompanhada de dois criados.

CORO

Olhai, está saindo do palácio Ismene,[3]
chorando lágrimas de amor fraterno, a flux.
O doloroso pranto lhe anuvia os olhos,
e, ao lhe banhar a linda face enrubescida,
maltrata-lhe a beleza do rosado rosto.

CREONTE

(Dirigindo-se a Ismene.) E tu, que rastejavas sorrateiramente, como uma víbora, debaixo do meu teto, sugando-me o sangue sem que eu percebesse e sem saber que estava alimentando duas calamidades e a revolta contra o meu trono, vamos, dize-me: confessas teres também tu participado do sepultamento ou juras que não?

ISMENE

Fiz o serviço fúnebre e, se minha irmã estiver de acordo, estou pronta a partilhar e sofrer com ela as consequências.

ANTÍGONA

Mas a justiça, por certo, não permitirá tal, porque não quiseste cooperar na minha iniciativa nem eu consenti que cooperasses.

---

[3] Ismene vivia no palácio de Creonte, seu tio. Conforme vimos no diálogo inicial que manteve com Antígona, ela se declarou contrária à iniciativa da irmã de sepultar Polinices, não tendo, por isso, ajudado Antígona nessa obra piedosa.

ISMENE

Não o nego, mas nesse mar de desgraças que atravessas não me envergonho de ser tua companheira no sofrimento.

ANTÍGONA

Hades e os mortos sabem quem executou a obra. Eu não gosto de amigas que só amam com palavras.

ISMENE

Irmã, não me julgues indigna de morrer contigo e de render honras a nosso irmão morto.

ANTÍGONA

Não queiras morrer comigo, nem te arrogues o que não fizeste. Para morrer basto eu.

ISMENE

Mas que farei da minha vida, sem ti?

ANTÍGONA

Pergunta a Creonte, de quem és a defensora.[4]

ISMENE

Por que me magoas sem necessidade?

---

4 Esta frase de Antígona é prenhe de pungente ironia.

ANTÍGONA

Zombo de ti, mas é antes com dor que o faço.

ISMENE

Agora, pelo menos, em que te posso ser útil?

ANTÍGONA

Salva-te a ti mesma. Não te invejo a sorte de escapares de morrer.

ISMENE

Infeliz de mim! Então não partilharei o teu destino?

ANTÍGONA

Não, porque preferiste viver e eu preferi morrer.

ISMENE

Não, porém, no segredo do meu coração, que este comparticipava dos teus sentimentos.

ANTÍGONA

Tu julgavas acertado o teu alvitre, eu, pelo contrário, achava o meu melhor.

ISMENE

Contudo, a desobediência é igualmente de nós duas.

ANTÍGONA

Tem ânimo! Tu vives, eu, porém, a minha alma há tempo que morreu para poder servir os mortos.

CREONTE

(*Dirigindo-se ao Coro.*) Asseguro-te que uma dessas mocinhas ficou louca há pouco e que a outra é louca desde o dia em que nasceu.

ISMENE

A razão, rei, dissipa-se quando estamos infelizes, e isso acontece mesmo com os que nasceram com ela.

CREONTE

Tu decerto a perdeste quando preferiste aliar-te aos maus para praticar o mal.

ISMENE

Como poderei suportar a vida sem esta?

CREONTE

Não digas "esta": ela já não existe.

ISMENE

Então vais matar a noiva de teu filho?

CREONTE

Fecundos também são os seios de outras.

ISMENE

Sim, mas não há esposa que convenha a Hêmon tão bem como esta.

CREONTE

Detesto, para meus filhos, mulheres más.

ISMENE

Como teu pai te insulta, querido Hêmon!

CREONTE

Estás me aborrecendo com esses himeneus.

CORIFEU

Vais mesmo, ó rei, matar a noiva de teu filho?

CREONTE

Hades é que vai impedir esse consórcio e livrar-me dele.

CORIFEU

Parece decidido que ela irá morrer.

CREONTE

Fato decidido por ti e por mim. Não haja mais delongas. Levai-as para dentro, servos. Doravante é preciso que estas mulheres vivam como mulheres e não andem em liberdade, pois até os mais intrépidos fogem, quando veem a morte aproximar-se.

Os guardas levam Antígona e Ismene para o interior do palácio. Creonte permanece em cena, conturbado e pensativo.

CORO

1ª estrofe

Ditosos são aqueles cuja vida
jamais provou o amargo sofrimento.
A casa[5] sacudida pelos deuses
de nenhuma desgraça se liberta:
nela aninha-se o mal e prolifera,
voraz, de geração em geração.
Na família que os deuses acometem
ocorre o que se dá nos trácios mares,[6]
quando adversos ventos furiosos
agitam as sombrias profundezas

---

[5] *Casa*. Família.

[6] *Trácios mares*. Mares da Trácia, antiga região banhada pelo mar Egeu. No séc. XX foi desmembrada e dividida entre a Grécia, a Bulgária e a Turquia.

do abismo undoso: então a efervescência
do mar intumescido tumultua,
revolve e traz à tona a negra areia,
e os rochedos, batidos pelas vagas,
rebramem, lamentosos, pelas praias,
unindo a própria voz à voz do vento.

1ª antístrofe

Sobre os antigos males dos Labdácidas[7]
vejo caírem novos infortúnios:
as gerações mais novas não resgatam
os males das antigas, algum deus
as fustiga e as desgraças não têm fim.
A última esperança que hoje brilha
é a última estirpe do rei Édipo,[8]
mas vai, por sua vez, ceifá-la a foice
sanguinosa dos deuses infernais,
unida à louca insensatez da língua[9]
e à fúria a transbordar dos corações.[10]

2ª estrofe

Qual o homem soberbo, ó Zeus, capaz
de limitar o teu poder supremo?
Nem o sono o domina, nem o eterno
movimento dos anos o subjuga.

---

7 *Labdácidas*. Os descendentes de Lábdaco, rei de Tebas, pai de Laio e avô de Édipo.

8 *A última estirpe do rei Édipo*. Antígona.

9 Com este verso faz-se referência à discussão de Antígona com Creonte.

10 Velada condenação das odiosas decisões do inexorável rei Creonte.

Imune ao tempo, eternamente jovem,
tu reinas como soberano único
no deslumbrante resplendor do Olimpo.[11]
A lei que no passado vigorou
e no futuro há de viger é esta:
na vida humana, tudo o que exorbita
tem como companheiras as desgraças.

2ª antístrofe

A sedutora, a cálida esperança
é para muitos incentivo, ajuda,
mas para muitos outros puro engano,
ilusão de desejos insensatos.
Pouco a pouco insinua-se no crédulo
até que o pé alcance o fogo ardente.[12]
Sábia e certa é a célebre sentença
de autor desconhecido: "Cedo ou tarde,
o mal parecerá um bem àquele
a quem um deus levar à perdição."
Será feliz por muito pouco tempo.[13]

Hêmon, muito triste, vem se aproximando.

Mas, eis, senhor, que vem chegando Hêmon,
o mais jovem dos filhos teus. Ó céus!

---

11 *Olimpo.* Monte (2.911m) da Grécia, morada dos deuses, segundo os antigos gregos.

12 Em outras palavras: até que o ingênuo pise na brasa escondida sob a cinza da ilusão, isto é, se sinta frustrado por ter esperado em vão o que desejava.

13 Observe-se que o fatalismo, um traço da tragédia grega, é uma filosofia falsa, porque o homem é livre para escolher entre o bem e o mal.

Será que está amargurado e triste
com a sorte fatal de sua noiva,
Antígona, e contrariado, aflito,
devido aos malogrados himeneus?[14]

[14] *Malogrados himeneus*. Casamento frustrado, núpcias fracassadas.

TERCEIRO EPISÓDIO

CREONTE, HÊMON E O CORO

CREONTE

Já o saberemos melhor que por meio de adivinhos. Filho, porventura estás enfurecido contra teu pai por causa da sentença irrevogável proferida contra a tua noiva? Ou continuas meu amigo, em qualquer circunstância?

HÊMON

Pai, eu sou teu. Orienta-me com teus bons conselhos, que eu os seguirei. Para mim não há casamento que possa prevalecer sobre a tua esclarecida orientação.

CREONTE

Assim, pois, filho, importa gravar isto no peito: tudo pospor aos conselhos paternos. Os pais desejam ter em casa filhos obedientes, filhos que retribuam o mal ao inimigo e que honrem ao amigo como o pai o honra. Aquele que engendrasse filhos imprestáveis que outra coisa estaria engendrando, senão trabalhos para si próprio e muitos escárnios de seus inimigos?

Por isso, meu filho, não deixes que, por causa de uma mulher, a paixão te repulse a razão, pois, muito bem o sabes, é frio o amplexo de uma mulher perversa. Pode haver pior ferida do que uma esposa má?

Despreza, aborrece essa moça como a uma inimiga, manda-a casar-se com algum habitante de Hades. Uma vez que a surpreendi em formal desobediência, ela só contra toda a cidade, eu não posso mentir aos meus súditos, mas vou mandá-la matar. Depois disso, ela pode entoar um hino de louvor a Zeus, protetor das famílias!

Se eu alimentar a desordem dentro da minha família, haverei, com isso, de a alimentar mais ainda entre as de fora. O homem que for reto para com os parentes será também considerado justo pela sua cidade. Quem, pelo contrário, desobedece às leis e as violenta, pretendendo dar ordens aos que são depositários da autoridade, esse jamais terá o meu elogio.

Os cidadãos devem acatar as ordens de quem escolheram para ser o seu rei, nas coisas pequenas como nas grandes, nas justas e nas que lhes são opostas.

Estou convicto de que o homem que sabe obedecer sabe também mandar com sabedoria. Mesmo no mais aceso combate, ele haverá de permanecer leal e denodado companheiro de luta. Não há maior mal do que a insubordinação. Ela é a ruína das pátrias e a destruição dos lares; rompe e põe em fuga as falanges aliadas. A obediência, pelo contrário, salva, as mais das vezes, a vida dos que se deixam governar.

Portanto, cumpre defender as instituições e não ceder, de modo algum, a uma mulher. Se for preciso cair do poder, é melhor cair pela mão de um homem, porque, assim, não poderão rir-se de nós, dizendo que fomos derrotados por mulheres.

CORO

Se não nos enganarem nossos anos,[1]
parece-nos sensato o que disseste.

HÊMON

Pai, os deuses acenderam na alma humana a razão, que é o maior de todos os bens. Ora, eu não poderia nem saberia dizer em que ponto tu não falaste bem. Contudo, também outros podem ter boas ideias. Minha condição de filho manda-me ver todas as coisas antes de ti, tudo o que se diz, se faz e se critica. Tua presença severa inspira temor aos cidadãos comuns; por isso, não ousam dizer-te coisas que não gostarias de ouvir. A mim, pelo contrário, me é possível ouvir, na sombra, opiniões, murmúrios, comentários, ouvir como a cidade chora a sorte dessa jovem, dizendo que por causa de nobilíssima ação vai perecer ignominiosamente, tal qual a mais vil de todas as mulheres; ela, que não permitiu que seu irmão, morto em duelo, ficasse insepulto para pasto de cães ferozes e das aves de rapina. Não é ela, ao invés, digna de áurea coroa de glória? Eis o que se diz, à surdina, no silêncio das sombras. Para mim, pai, nada é mais precioso do que o teu bom êxito. Que motivo de orgulho pode haver, para os filhos, maior que a glória de um pai bem-sucedido e próspero? E um pai, a que glória pode ele aspirar maior que a prosperidade dos filhos?

Guarda-te, pois, de te apegares a um só modo de pensar, crendo que o que dizes, e por seres tu que o dizes, exclui qualquer outra possibilidade de ver e sentir as coisas.

Aquele que pensa que só ele é sensato e que julga possuir o monopólio das palavras e das ideias justas, quando exposto à luz, aparece vazio.

---

[1] *Nossos anos*. Nossa idade, a velhice.

Não é nenhuma vergonha, nenhum desdouro, mesmo para o sábio, aprender novas coisas e não ficar aferrado à própria opinião. Considera as árvores que estão à beira das torrentes hibernais: todas as que se dobram salvam os ramos, enquanto as que resistem são desarraigadas e totalmente destruídas. Da mesma forma, aquele que esticasse com toda a força a cordoalha do seu navio e mantivesse as velas sempre retesadas, acabaria virando a nau e teria de fazer o resto da viagem com ela emborcada.

Cede também tu como a árvore à torrente e o piloto à borrasca. Esquece a cólera e revoga o teu decreto. Se algum juízo pode ser emitido por mim, se bem que jovem como sou, direi que o ideal para o homem seria nascer cheio de ciência e ser superior em todos os conhecimentos, mas isso não costuma acontecer. É bom, portanto, que o homem aprenda também dos que falam com acerto.

CORO

É justo, ó rei, que aceites o que há de oportuno
nas palavras que dele ouviste; e tu, acolhe
o que há de bom nas de teu pai, pois cada qual
expôs suas ideias com sabedoria.

CREONTE

Nós, provectos em anos, receber lições de sabedoria de um jovem dessa idade?

HÊMON

Nada aprendes de quem não tem competência. Se eu sou jovem, não é a idade que se deve olhar, mas os fatos, as obras.

CREONTE

Seria uma obra louvável isso de honrar os rebeldes?

HÊMON

Jamais poderia eu aconselhar que se honrem os maus.

CREONTE

E essa mulher não foi acometida por esse mal?

HÊMON

Contesta-o, à uma, todo o povo de Tebas.

CREONTE

Acaso é o povo que deve dizer-me como devo governar?

HÊMON

Não percebes que o que afirmaste é próprio de um jovem temerário?

CREONTE

É em benefício dos outros ou em meu próprio benefício que devo reger esta terra?

HÊMON

Esta cidade não é de um homem só.

CREONTE

Porventura não é costume considerar que a cidade é dos que a governam?

HÊMON

Se assim fosse, haverias de governar sozinho um deserto.

CREONTE

(Dirigindo-se ao Coro.) Este, pelo que parece, luta pela mulher, sua aliada.

HÊMON

Se és essa mulher, luto por ti, pois é por ti que me preocupo.

CREONTE

Ó péssima criatura! Tu agora brigares com teu pai?

HÊMON

Vejo que pecas contra a justiça.

CREONTE

Peco contra a justiça porque faço respeitar a minha autoridade?

HÊMON

Não a respeitas, por certo, espezinhando as honras que se devem aos deuses.

CREONTE

Ó alma depravada, que se deixa vencer por uma mulher!

HÊMON

Mas, pelo menos, não sou escravo de ideias vis.

CREONTE

Tudo quanto dizes é sob o domínio e em favor daquela mulher.

HÊMON

E também em favor de ti, de mim e dos deuses infernais.

CREONTE

Não a desposarás enquanto ela viver.

HÊMON

Ela, pois, vai morrer e, morrendo, levará alguém consigo.[2]

CREONTE

Atreves-te a proferir tão temerária ameaça?

HÊMON

Como pode ser ameaça eu falar contra ideias ocas?

CREONTE

Haverás de me dar razão chorando. Tu é que és insensato e vazio de juízo.

HÊMON

Se não fosses meu pai, eu diria que não tens juízo.

---

[2] *Levará alguém consigo*. Causará a morte de alguém. Creonte entendeu que Hêmon iria matá-lo. Daí a pergunta dele.

CREONTE

Escravo de mulher, não me importunes com palavreado.

HÊMON

Dizes injúrias e depois não queres ouvir a réplica?

CREONTE

Verdade? Fica sabendo — afirmo-te pelo Olimpo — que não é sem lágrimas que me injurias com censuras insolentes.

Dirigindo-se aos servos.

Trazei aqui essa abominável mulher para que seja morta imediatamente na presença e debaixo dos olhos do noivo.

HÊMON

Isso jamais acontecerá, podes crer, nem ela haverá de morrer perto de mim. E tu, com esses teus olhos, não me verás nunca mais. Guarda a tua fúria para os amigos que quiserem te suportar.

Hêmon, irritadíssimo, sai precipitadamente.

CORO

A cólera, senhor, fê-lo sair com ímpeto.
Demais acabrunhada está sua alma jovem
e em nós suscita pensamentos inquietantes.

CREONTE

Agora que se retirou, pense e faça o que quiser, e mais ainda. O que ele não fará é livrar essas duas moças do seu destino.

CORO

Pretendes realmente, ó rei, matar as duas?

CREONTE

A que não participou da obra, não. A pergunta procede.

CORO

E de que modo deve perecer a outra?

CREONTE

Vou levá-la a um lugar onde não haja trilha palmilhada pelo homem e encerrá-la viva numa caverna escavada na rocha, dando-lhe o alimento estritamente necessário para não se cometer sacrilégio, a fim de que mancha alguma afete a cidade.[3] Ali, ela, que pede ir para a casa de Hades, única divindade que venera, haverá de aprender a não morrer ou, pelo menos, reconhecerá que honrar os habitantes de Hades é coisa supérflua e inútil.

CORO

Estrofe

Amor, em teus combates invencível,
Amor, que os bens dos homens[4] arrebatas,

---

3 O decreto de Creonte previa a pena de lapidação para aquele que ousasse sepultar Polinices. Tal pena implicava derramamento de sangue e constituía um ato ímpio, um sacrilégio, se aplicada a mulher virgem. Esse o principal motivo que levou Creonte a matar Antígona à fome.

4 *Os bens dos homens*. Os bens materiais, dinheiro, riquezas.

brilhas nas tenras faces das donzelas,
passeias sobre os mares e até chegas
à rústica morada do campônio.
Ninguém pode fugir ao teu domínio,
não importa se é mortal ou imortal.
Quem te acolhe enlouquece, perde o senso.

Antístrofe

Até os bons arrastas para o mal,
desnorteando-lhes a mente e o senso,
para precipitá-los na ruína.
Quem, senão tu, acendeu a discórdia
que ora subverte uma família inteira[5]?
Subjuga o claro olhar da jovem núbil,[6]
fascina, atrai, possui a mesma força
das grandes leis eternas. É invencível
Afrodite[7], que faz do Amor joguete.

Aproxima-se Antígona, conduzida por dois guardas.

Mas eis-me, também eu, a transgredir
as leis: não posso reprimir as lágrimas,
ao ver Antígona ser conduzida
para o leito onde todos adormecem.[8]

---

5 *Subverte uma família inteira*. Destrói a família de Édipo.
6 *Jovem núbil*. Jovem em idade de casar.
7 *Afrodite*. Deusa do amor e da beleza, nascida da espuma do mar.
8 *O leito onde todos adormecem*. A morte.

QUARTO EPISÓDIO

ANTÍGONA, CREONTE E O CORO

ANTÍGONA

Eis-me aqui, cidadãos do pátrio solo,
a empreender minha última viagem,
a contemplar, pela última vez,
a luz do sol, que não verei jamais.
Hades, que a todos adormece, vai
levar-me viva às praias do Aqueronte,[1]
sem himeneu[2] e sem que ninguém cante
o hino nupcial de minhas bodas,
porquanto eu vou casar com Aqueronte.

CORO

Mas é com glória e muito enaltecida
que desces para a habitação dos mortos;

---

1 *Aqueronte*. Rio que circundava os infernos e que ninguém podia atravessar duas vezes. O barqueiro que transportava a alma dos mortos chamava-se Caronte.

2 *Himeneu*. Núpcias, casamento, bodas, conúbio.

não é nem consumida por doença
nem destruída por brutal espada,
mas simplesmente por vontade tua
que vais descer para a mansão de Hades,
exemplo singular entre os mortais.

ANTÍGONA

Contudo, ouvi dizer que uma estrangeira,
de nome Níobe[3], filha de Tântalo,
nascida em Frígia, teve fim tristíssimo
no monte Sípilo, onde a envolveu,
tal como a hera que se agarra aos muros
pétrea vegetação, que a foi matando.
A chuva e a neve nunca a abandonaram
— contam —, e a moça se desfaz em lágrimas
que, copiosas, descem de seus olhos,
banhando-lhe perpetuamente o colo.
De todo igual a esta[4], um deus me leva
para me adormecer em leito eterno.

CORO

Mas Níobe era deusa e nós, mortais.
Contudo, é grande honra para ti
participar da sorte de uma deusa,
em vida e logo mais após a morte.

---

[3] *Níobe*. Rainha lendária da Frígia, filha de Tântalo (filho de Zeus) e mulher de Anfião. Por ter escarnecido de Leto, mãe de Zeus, este se vingou matando-lhe os filhos e transformando-a numa estátua chorosa, no monte Sípilo, na Frígia.
[4] *Igual a esta*. Igual a Níobe.

ANTÍGONA

Ai! É um belo escárnio o que disseste.[5]
Por que — pergunto pelos deuses pátrios —,
por que insultar-me a mim ainda em vida,
em vez de o fazer depois de morta?
Ó pátria, ó cidadãos enriquecidos,[6]
fontes do Dirce[7] e sacrossantos bosques
da gloriosa, da guerreira Tebas,
ao menos vós me sereis testemunhas
de como, vítima de iníquas leis,
parto, sem ser chorada por amigos,
pra esse cárcere, em rocha cavado,
que há de ser meu insólito sepulcro.
Infeliz! Viva e morta ao mesmo tempo!
Já não pertenço aos vivos nem aos mortos!

CORO

Chegaste a extremos de audácia, filha,
arrojando-te contra o excelso trono
em que se assenta a impávida Justiça.
Decerto estás pagando por algum delito
de teu famoso pai[8], quando era rei.

---

[5] Antígona viu escárnio nessas palavras do Coro, que a quer consolar dizendo que ela se assemelha a Níobe na desgraça.

[6] *Cidadãos enriquecidos*. Em Tebas eram muitos os cidadãos ricos.

[7] *Fontes do Dirce*. Nascentes do rio Dirce, nas imediações de Tebas.

[8] *Famoso pai*. Édipo. Veja a *nota 1* da *página 13*.

ANTÍGONA

Acabas de ferir meu coração
avivando-me as dores mais pungentes,
as aflições provindas de meu pai
e as desgraças que pesam sobre nós,
a célebre família dos Labdácidas[9].
Ah! maldições do tálamo materno!
Ah! conúbio incestuoso de meus pais,
do qual nasci, desventurada filha!
Maldita, sem esposo, parto agora
para viver com eles. Irmão meu,[10]
irmão no infortúnio, embora eu viva,
com tua morte me tiraste a vida.

CORO

Honrar os mortos, sem sombra de dúvida,
é um louvável ato de piedade,
mas o poder jamais permitirá
que se transgridam suas decisões.
Tua audácia levou-te à perdição.

ANTÍGONA

Sem uma lágrima de compaixão,
sem amigos nem cantos de himeneu,
desgraçada, estou prestes a encetar

---

[9] *Labdácidas*. Descendentes de Lábdaco, rei de Tebas. Veja a *nota 7 da página 58*.
[10] *Irmão meu*. Polinices.

a inevitável última viagem.
Tão infeliz, não mais me será dado
contemplar a sagrada luz do sol.
Será morte sem lágrimas a minha:
nenhum, nenhum amigo há de chorá-la!

Aparece Creonte, acompanhado de dois guardas.

CREONTE

(*Aos guardas.*) Acaso não sabeis que cantos lamentosos, à vista da morte, jamais teriam fim, se ao condenado trouxessem algum proveito? Que estais esperando para retirá-la daqui? Conduzi-a sozinha, desacompanhada, e encerrai-a, como vos disse, na caverna, seja que ela queira morrer, seja que prefira ser sepultada viva nesta nova habitação. Minhas mãos estão puras no que concerne a esta jovem[11]. Ela, porém, não conviverá mais com pessoas deste mundo.

ANTÍGONA

Ó túmulo, ó leito nupcial,
ó mansão subterrânea, eterno cárcere[12],
em direção ao qual eu estou indo
e onde irei me reunir aos meus[13],
dos quais a maioria já convive

---

11 *Minhas mãos estão puras.* Creonte quer dizer que está livre de mancha impura, de ato sacrílego, pois não irá eliminar Antígona com morte cruenta. Veja a *nota 3* da *página 71*.

12 *Eterno cárcere.* Esta expressão e a anterior não designam a caverna onde Antígona será encerrada, mas a mansão dos mortos.

13 *Aos meus.* Aos meus pais, irmãos e parentes.

com Perséfone[14], na mansão de Hades!
A morte me ceifou antes do tempo[15].
Parto eu também, a última[16] de todos
e de todos a mais desventurada.
Parto, porém, com a firme esperança
de ser bem acolhida por meu pai,
por ti também, minha querida mãe,
e também por ti, meu amado irmão[17],
porquanto, quando a morte vos ceifou,
eu lavei e vesti os vossos corpos
com minhas mãos e sobre a sepultura
eu derramei funéreas libações[18].
E agora, Polinices, por ter dado
honrosa sepultura a teu cadáver,
me pagam esse ato com a morte.

Erguendo os olhos ao céu.

Que lei divina tenho transgredido?
Que adianta a uma mísera como eu
erguer ainda os olhos para os deuses?

---

14 *Perséfone*. Esposa de Hades (ou Plutão) e rainha dos infernos (mansão dos mortos).

15 *Antes do tempo*. Prematuramente, na juventude.

16 *A última*. A última dos mortos, porque havia ainda Ismene, que não fora condenada à morte.

17 *Meu amado irmão*. Antígona refere-se a Polinices e não a Etéocles, como entendem alguns críticos.

18 *Funéreas libações*. Recorde-se o que o guarda disse a Creonte: "... erguendo um vaso de bronze bem lavrado e entornando-o, [Antígona] fez sobre o morto tríplice libação." (*página 45*)

Que amigos chamarei em meu auxílio,
se, por ter feito um ato de piedade,
me lançam em rosto a tacha de impiedade?

Olhando para Creonte.

Se os deuses confirmarem que pequei,
só reconhecerei o meu delito
depois que houver sofrido a extrema pena.
Se, ao invés, o erro não foi meu,
peço pra estes penas tão severas
quanto as que injustamente me impuseram.

CORO

Rajadas dos mesmos ventos
ainda agitam esta alma.

CREONTE

(*Impaciente.*) Essa demora vai custar gemidos aos que a devem conduzir.

ANTÍGONA

Ai de mim! Tais palavras me anunciam que a morte se aproxima, está bem perto!

CREONTE

Eu é que não te animo a esperar que a sentença não seja executada à risca.

ANTÍGONA

(*Enquanto é amarrada.*)
Adeus, Tebas, cidade de meus pais!
Meu solo, minha pátria estremecida,
e vós, deuses de meus antepassados,
já me levam, a morte é inevitável!
Olhai, distintos próceres de Tebas[19],
a última princesa que vos resta,
vede o que sofro e quem me faz sofrer
por ter cumprido um ato de piedade.

Antígona é retirada pelos guardas.

CORO

1ª estrofe

Também a bela Dânae[20] foi forçada
pelo pai a trocar a luz celeste
pelas trevas dum cárcere de bronze,
onde foi presa em leito sepulcral.
No entanto, era de sangue nobre, ó filha![21]

---

19 *Distintos próceres de Tebas*. Os cidadãos importantes, os tebanos mais ilustres, representados pelos anciãos do Coro.

20 *Dânae*. Filha única de Acrísio, rei lendário de Argos, e de Eurídice. Seu pai, avisado por um oráculo de que um filho de Dânae o mataria, encarcerou-a numa torre de bronze e recusou dá-la em casamento aos príncipes que a solicitavam. Tudo inútil, porque Zeus, atraído pela beleza de Dânae, penetrou na torre sob a forma de chuva de ouro e fecundou a virgem, que lhe deu um filho, Perseu. Este, já adulto, depois de muitas proezas, acabou matando involuntariamente o avô.

21 *Filha*. Antígona, embora não esteja mais em cena.

E Zeus a fecundou em chuva de ouro,
e ela, a sós, conservou dentro de si
a semente de Zeus[22], gérmen de vida.
Que força formidável o destino!
Não lhe resistem nem poder nem ouro,
nem as muralhas e nem mesmo Ares[23]
ou as soberbas naus que o mar açoita.

1ª antístrofe

Também Licurgo[24], homem irascível,
filho de Drias e rei dos edônios,
foi algemado em cárcere de pedra,
devido à sua índole furiosa,
por ordem e vingança de Dioniso[25].
Assim, Licurgo purga, pouco a pouco,
a temível e indômita loucura.
Compreendeu que era pura insensatez
irritar, com palavras insolentes,
o deus[26], quando tentava extinguir
os fachos das bacantes[27] e impedir
as musas de tocarem suas flautas.

---

22 *Zeus*. O deus supremo dos gregos. Reinava no Olimpo. Assimila-se a Júpiter, na mitologia romana.

23 *Ares*. Deus grego, filho de Zeus e de Hera. Deus da guerra, como o Marte romano, com o qual se identifica.

24 *Licurgo*. Rei lendário dos edônios, povo da Trácia. Opunha-se às alegres festas de Dioniso (Baco), que se vingou dele fazendo que seus súditos o encerrassem numa caverna. Licurgo, aqui, não é o célebre legislador de Esparta.

25 *Dioniso*. O mesmo que Baco. Veja a *nota 10* da *página 24*.

26 *O deus*. Dioniso.

27 *Bacantes*. Sacerdotisas de Baco (Dioniso); mulheres que se dedicavam ao culto de Baco e o acompanhavam em seus alegres cortejos.

2ª estrofe

Não longe dos Rochedos Cianeus[28],
baliza de dois mares geminados,
estendem-se do Bósforo as praias
e a nada hospitaleira Salmidesso[29],
na qual Ares[30], vizinho da cidade,
viu as cruéis e hórridas feridas
feitas por uma desumana esposa[31]
nos olhos dos dois filhos de Fineu[32],
feridas que extinguiram para sempre
a luz naqueles olhos arrancados
com mãos sangrentas de feroz mulher
munida de cortantes lançadeiras.

2ª antístrofe

Prole de infaustas núpcias, os dois filhos
de Fineu, consumindo-se no cárcere,
tristes choravam seu triste infortúnio.
A mãe[33], da antiga estirpe de Erecteu[34],

---

28 *Rochedos Cianeus*. Situam-se na entrada do estreito do Bósforo (estreito que une o mar de Mármara ao mar Negro, entre a Europa e a Ásia).

29 *Salmidesso*. Antiga cidade da Trácia, a cerca de 100km do Bósforo.

30 *Ares*. Veja a *nota 23* da *página 83*.

31 *Desumana esposa*. A segunda esposa de Fineu. Veja a nota seguinte.

32 *Fineu*. Rei lendário de Salmidesso. Casado com Cleópatra (filha de Bóreas e Orízia), teve dela dois filhos. Repudiou sua esposa e a encerrou numa caverna para casar com Eidoteia, que, por sua vez, encarcerou os dois filhos de Fineu e Cleópatra, depois de lhes ter arrancado os olhos com uma lançadeira de tear.

33 *A mãe*. Cleópatra, cujo pai, Bóreas, era rei dos ventos do norte, que ele mantinha presos em grandes cavernas. Quando os soltava, desencadeava as tempestades.

34 *Erecteu*. Rei de Atenas.

criara-se em aspérrimas cavernas
ouvindo as tempestades de seu pai.
Corria como um árdego corcel
por montes e colinas alterosas.
Era filha de deuses imortais,
no entanto, as Moiras[35] a golpearam, filha[36].

[35] *Moiras*. As três divindades (Cloto, Láquesis e Átropos) que controlavam o destino dos mortais; personificavam o destino humano. Correspondiam às *Parcas* dos latinos.

[36] *Filha*. Antígona, embora fora de cena.Tratamento afetuoso.

QUINTO EPISÓDIO

TIRÉSIAS, CREONTE E O CORO

Guiado por um menino, entra o adivinho Tirésias, velho e cego.

TIRÉSIAS

Príncipes de Tebas[1], vimos aqui pelo mesmo caminho. Dois enxergando pelos olhos de um só. Para os cegos não há outro caminho que o do guia.

CREONTE

O que há de novo, velho Tirésias?

TIRÉSIAS

Já vou dizê-lo. E tu, atende um adivinho.

---

[1] *Príncipes de Tebas*. Esta expressão de Tirésias é dirigida aos anciãos do Coro.

CREONTE

Certamente que até hoje nunca tenho desprezado os teus conselhos.

TIRÉSIAS

Por isso é que tens dirigido no bom rumo a nau da pátria.

CREONTE

Devo confessar que isto me trouxe benefícios.

TIRÉSIAS

Pensa, ao invés, que agora estás andando no fio da navalha da fortuna[2].

CREONTE

Mas o que há?! Arrepiam-me essas tuas palavras.

TIRÉSIAS

Haverás de saber, se deres ouvido aos presságios de minha arte. Estava eu sentado no meu ornitoscópico[3] assento, paradeiro

---

[2] *Andando no fio da navalha da fortuna*. A palavra *fortuna* tem aqui o significado de *sorte, destino*. Tirésias quis dizer que Creonte estava ameaçado de iminente desgraça.

[3] *Ornitoscópico*. Relativo à ornitoscopia (observação do voo ou do canto das aves para se preverem acontecimentos futuros).

de todas as aves, quando ouço uns estranhos pios de pássaros, uns guinchos furiosos e selvagens. Percebi que se estavam dilacerando cruelmente uns aos outros com as garras, pois ouvia-se distintamente o tatalar das asas. Amedrontado, tentei logo ler algum presságio nas chamas do fogo das vítimas sobre o altar. A chama, porém, não brilhou, mas das coxas das vítimas escorria um unto gorduroso e fumegante que borrifava as cinzas; o fel rechinava, projetando partículas para todos os lados, e os ossos das coxas ficaram despojados da gordura que os envolvia. Esses obscuros e desfavoráveis sinais do rito divinatório, soube-os deste rapaz, que é meu guia, como eu o sou dos outros.

A cidade está enferma por causa da tua decisão. Todos os nossos altares e aras estão infestados de pedaços do cadáver do infeliz filho de Édipo, trazidos por aves e cães. Os deuses, por isso, não acolhem as súplicas dos sacrifícios nem se manifestam nas chamas das vítimas nos holocaustos. As aves, cevadas na carne e no sangue do morto, não soltam pios de bom agouro.

Reflete bem nisso, filho: errar é próprio do homem; porém, quando se errou, não há nenhum desdouro, nenhuma leviandade em retratar-se e voltar atrás. A obstinação não passa de estupidez. Cede, pois, a um morto. Não atormentes quem já morreu. Que coragem há em matar de novo quem já está morto? Estes meus conselhos só visam ao teu bem. Doce é aprender de quem dá conselhos acertados e úteis.

CREONTE

Ancião, como quem atira ao alvo, todos estais dirigindo as vossas flechas contra este homem[4]. Quisestes agir contra mim, servindo-vos de vaticínios. Fui vendido pelos de minha própria família e, de

---

[4] *Contra este homem*. Contra mim.

há muito, tratado como mercadoria. Enriquecei, mercadejai com o electro de Sardes[5] e o ouro da Índia, se quiserdes, mas aquele é que não havereis de sepultar. Nem que as águias sagradas de Zeus quisessem levar pedaços do cadáver ao trono dele. Nem mesmo, por temor de semelhante mancha, consentiria eu que lhe dessem sepultura, pois sei que não há mortal capaz de contaminar os deuses.

Velho Tirésias, feias quedas dão os homens, até os mais astutos, quando, movidos por vis interesses, entrajam com belas palavras os seus pérfidos pensamentos.

TIRÉSIAS

Ah! Acaso sabe certa pessoa, porventura percebe...[6]

CREONTE

O quê? Que significam essas palavras, que parece dirigiremse ao orbe inteiro?

TIRÉSIAS

... que os bons conselhos são o bem mais precioso?

CREONTE

Sim, e a insensatez é a maior das desgraças.

---

[5] *O electro de Sardes*. *Sardes* era a capital da Lídia, na atual Turquia. Era famosa por suas riquezas. *Electro*: metal resultante de uma liga de ouro e prata.

[6] Tirésias faz esta pergunta solenemente e com ironia, referindo-se a Creonte com a expressão "certa pessoa". O rei percebe isso e corta-lhe a palavra, veemente e irônico.

TIRÉSIAS

Pois é, precisamente, desta doença que estás gafado.

CREONTE

Não quero devolver insultos a um adivinho.

TIRÉSIAS

Pois é o que fazes, afirmando que meus vaticínios são mentiras.

CREONTE

Os adivinhos são todos uma raça amiga do dinheiro.

TIRÉSIAS

E a dos tiranos morre pelos lucros ilícitos e sórdidos.

CREONTE

Sabes tu que é a um rei que estás dizendo isso?

TIRÉSIAS

Sei, mas foi graças a mim que salvaste a cidade.

CREONTE

Sábio adivinho tu és, mas também muito dado a injustiças e maldades.

TIRÉSIAS

Tu me excitas a dizer coisas que deveriam ficar veladas no fundo da alma.

CREONTE

Dize-as, mas com a condição de não falares com intuitos de lucro.

TIRÉSIAS

Creio, pelo contrário, que o que vou dizer-te só visa a teus interesses.

CREONTE

Fica sabendo, em todo caso, que não comprarás a minha decisão.

TIRÉSIAS

(Enfático e solene.) Fica sabendo, por tua vez, que a roda veloz do Sol muitas vezes não há de perlustrar o céu sem que tu dês, em troca de dois mortos, um de teus filhos morto, porquanto lançaste para as profundezas o que é daqui em cima, um vivente[7], encerrando-o ignobilmente numa tumba, enquanto retiveste aqui em cima, sem sepultura nem honras fúnebres, um morto, que é posse dos deuses ínferos. Não é permitido nem a ti nem mesmo aos deuses súperos fazer isso. Os deuses haverão de castigar-te.

---

[7] *Um vivente*. Antígona.

Vingadoras infalíveis e inexoráveis desses crimes, as Fúrias de Hades e dos deuses já te espreitam, emboscadas, para te infligirem os mesmos males que causaste aos outros. Considera, agora, se é corrompido pelo dinheiro que te digo essas coisas. Não passará muito tempo sem que se elevem, no teu palácio, tristes lamentações de homens e mulheres. Contra ti estão se levantando todas as cidades cujos filhos foram sepultados, aos pedaços, ou pelos cães, ou pelas feras, ou por alguma ave de rapina, levando o cheiro impuro aos lares da terra onde nasceram.[8]

Já que me ultrajaste, apara lá estes dardos que eu, qual arqueiro, disparo, irado e com certeiro olho, contra o teu coração e de cujo ardor em vão tentarás esquivar-te.

(*Dirigindo-se ao guia.*) Filho, leva-me para casa e deixa que este ceve a sua cólera nos mais moços e aprenda a manter a língua mais calma e a nutrir na mente juízos mais sãos.

Sai Tirésias, guiado pelo rapaz.

CORIFEU

Senhor, o homem já se retirou.
Misteriosos e terríveis
os vaticínios que ele proferiu.
Confesso-te que, desde a minha juventude
até hoje, na idade dos cabelos brancos,
esse adivinho nunca propalou
pela cidade falsas profecias.

---

[8] Deduz-se do texto que o decreto de Creonte atingia não somente Polinices, mas também os outros chefes aliados que morreram lutando contra Tebas.

CREONTE

Eu também sei disso. O meu espírito está conturbado. Duro é ceder, mas se me obstino, arrisco-me a estilhaçar a minha cólera contra a dureza do destino.

CORIFEU

É necessária muita prudência, Creonte,
filho de Meneceu!

CREONTE

Que devo, pois, fazer? Dize, que eu te obedecerei.

CORIFEU

Consente que a donzela seja libertada
do subterrâneo cárcere quanto antes
e manda erguer um túmulo ao morto.

CREONTE

É isso, pois, que aconselhas e... julgas bom que deva ceder?

CORIFEU

Quanto antes, senhor, que a vingança das Fúrias
alcança subitaneamente os insensatos.

CREONTE

Infeliz de mim! É duro revogar a sentença, contudo, cederei, para fazer o que aconselhas. Não há lutar contra as forças superiores da fatalidade!

CORIFEU

Executa tu mesmo essa tarefa agora;
a nenhum outro a deves confiar.

CREONTE

Vou imediatamente. Ide, ide, servos, os que estais aqui e os que não estais. Ferramentas na mão e correi para o local do cárcere.

Já que mudei de opinião, devo agora desatar eu mesmo o que com as minhas mãos atei. Penso que é melhor viver obedecendo às leis divinas.

CORO

1ª estrofe

Poliônimo[9], orgulho da virgem de Cadmo[10],
filho do onipotente Zeus tonitruante,
zeloso protetor da celebrada Itália,
ó Baco, tu que reinas no vale profundo

---

[9] *Poliônimo*. Que tem muitos nomes. Epíteto atribuído a Baco, também denominado Dioniso, Íaco, etc. Nesta estrofe e nas seguintes, o Coro canta e dança em honra de Baco, para manifestar sua alegria pela decisão de Creonte de libertar Antígona e, assim, evitar as desgraças preditas por Tirésias. Mas Creonte agiu tarde. A tragédia estava consumada, como logo se verá.

[10] *Virgem de Cadmo*. Semele, filha de Cadmo e mãe de Baco. Quanto a Cadmo, veja a *nota 7* da *página 22*.

da deusa de Elêusis[11], seio acolhedor
das multidões peregrinas;
ó Baco, tu que habitas a gloriosa Tebas,
metrópole das bacantes, cidade
nascida das sementes do feroz dragão,[12]
banhada pelas plácidas águas do Ismeno[13].

1ª antístrofe

Na rochosa montanha de dois picos[14]
contemplam-te as fumegantes tochas[15]
e a decantada fonte de Castália[16],
ali onde as formosas ninfas de Corícia[17],
tuas bacantes, formam teu cortejo.
As encostas do sobranceiro Nisa[18],
atapetadas de hera, e as colinas
cobertas de reverdejantes vinhas,

---

[11] *Deusa de Elêusis*. Deméter, deusa da fecundidade e dos frutos da terra. Era cultuada em grande e rico templo, em Elêusis, cidade da Ática, perto de Atenas.

[12] *As sementes do dragão*. Os dentes do dragão. Veja a *nota 7* da *página 22*.

[13] *Ismeno*. Rio que passa por Tebas.

[14] *Montanha de dois picos*. O célebre monte Parnaso (2.457m), a nordeste de Delfos. Na Grécia antiga era consagrado a Apolo e às musas. Ainda hoje, alude-se a ele e dele deriva a palavra *parnasiano*: poeta *parnasiano*, poesia *parnasiana*.

[15] *Fumegantes tochas*. Referência aos fachos ou tochas que as bacantes portavam nos cortejos em honra de Baco.

[16] *Fonte de Castália*. Famosa fonte situada ao pé do monte Parnaso, consagrada às musas. Costuma-se aludir a ela como fonte de inspiração poética.

[17] *Ninfas de Corícia*. Ninfas que viviam na caverna Corícia. As ninfas eram divindades subalternas dos rios, das fontes, bosques e montanhas.

[18] *Nisa*. Montanha da Grécia, na ilha Eubeia.

alegres te festejam, aclamando-te
com os sagrados cantos do evoé[19],
quando te dignas visitar as ruas
de Tebas, a imortal, de que és patrono.

2ª estrofe

Amas esta cidade mais que as outras todas,
tu e a que te gerou[20], a quem feriu o raio.
E agora que este povo todo está doente,[21]
vem salvá-lo com teu pé purificador,
passando pelo alto cume do Parnaso
ou pelo estreito[22] onde a água e o vento plangem.

2ª antístrofe

Ó regedor da dança das estrelas
e dos noturnos cantos, ó filho de Zeus,
mostra-te, rei, com tuas companheiras,
as tiíades,[23] que pela noite adentro
te celebram com delirantes danças,
a ti, Íaco,[24] dispensador da riqueza.[25]

---

19 *Evoé*. Canto de evocação a Baco, nas orgias.

20 *A que te gerou*. A mãe de Baco, Semele, ferida pelo raio de Zeus.

21 *Está doente*. Castigado pelo flagelo da peste.

22 *Pelo estreito*. O estreito do Euripo, entre a ilha Eubeia e o continente. Nele ocorre um fenômeno singular: quando o vento açoita as ondas, produz rumores semelhantes a gemidos.

23 *Tiíades*. Bacantes.

24 *Íaco*. Outro nome de Baco.

25 *Dispensador da riqueza*. Aquele que dá ou distribui a riqueza ou bens materiais.

ÊXODO*

* *Êxodo*. A parte final da tragédia grega.

MENSAGEIRO, CORIFEU, EURÍDICE, CREONTE, PAJEM E CORO

Entra o mensageiro.

MENSAGEIRO

Moradores vizinhos da casa de Cadmo e de Anfion[1], não há condição da vida humana que eu me atreva a louvar ou a criticar. A fortuna[2] sempre tem soerguido desditosos e derrubado gente feliz. Nenhum adivinho é capaz de predizer se as coisas presentes são estáveis. A meu ver, digno de inveja era Creonte, pois conseguiu livrar dos inimigos esta terra de Cadmo.[3] Regendo os destinos da pátria como senhor absoluto, prosperava feliz, cercado de generosa prole. Mas eis que agora tudo perdeu.

---

1 *Moradores vizinhos da casa de Cadmo e de Anfion*. Perífrase para dizer tebanos. Cadmo foi o fundador de Tebas. Anfion, personagem mitológico, que, segundo a lenda, teria construído os muros de Tebas ao som de sua lira.

2 *Fortuna*. Sorte, destino.

3 *Terra de Cadmo*. Tebas.

Homem que deixou de desfrutar os doces prazeres da vida, para mim não é mais um ser vivo, mas um cadáver animado. Sejam, se quiseres, infinitas as riquezas dentro do teu palácio, vive com toda a magnificência de um rei; se, porém, a isso tudo faltar o contentamento, eu não queria nem o mundo inteiro em troca da alegria.

CORIFEU

Que novos infortúnios anuncias
da família real?

MENSAGEIRO

Morreram! A causa da morte foram os vivos.

CORIFEU

Mas quem é o assassino? Quem os mortos? Dize!

MENSAGEIRO

Hêmon morreu! Ferido pela mão que não lhe era estranha.

CORIFEU

Qual? Pela mão do pai
ou pela sua própria mão?

MENSAGEIRO

Ele mesmo, por sua própria mão, enfurecido contra o pai por causa do crime deste.

CORIFEU

Ah! adivinho Tirésias!
Quão verdadeira a tua predição!

MENSAGEIRO

As coisas são essas. Agora é preciso pensar nas outras.

CORIFEU

Eis que vejo chegando a desditosa Eurídice,
esposa de Creonte, e vem em boa hora.
Terá saído do palácio por acaso
ou seria porque ouviu falar do filho?

Entra Eurídice, acompanhada de duas jovens.

EURÍDICE

Cidadãos, eu estava saindo para ir apresentar minhas súplicas à deusa Palas[4], quando ouvi vossas conversas. Ao abrir a porta, feriu-me os ouvidos a notícia de uma desgraça na família. Tomada de terror, caí nos braços de minhas criadas e perdi os sentidos. Mas, dizei logo qual a desgraça. Haverei de ouvi-la com fortaleza, que não me falta experiência nas provações da vida.

MENSAGEIRO

Amada soberana, falarei como testemunha e não omitirei um

---

[4] *Palas*. Epíteto de Atena, deusa grega da sabedoria, das ciências e das artes. É a Minerva dos romanos.

ponto sequer da verdade. De que serve amenizar a tua dor agora, se depois os fatos vão provar que menti? Dizer a verdade é sempre mais acertado.

Tendo eu, pois, acompanhado, como guia, o teu esposo, a uma elevada planície, vi que ali ainda jazia, não chorado, dilacerado pelos dentes dos cães, o corpo de Polinices. Depois de rogar à deusa dos trívios e a Plutão que, benévolos, contivessem a cólera, lavamos religiosamente os restos mortais de Polinices, incineramo-los com ramos recém-cortados e erguemos-lhes, com a terra da pátria, um grande túmulo. Ato contínuo, dirigimo-nos à câmara nupcial[5] onde a noiva de Hades jazia em leito de pedra. Alguém ouviu, de longe, agudos gemidos que partiam daquele tálamo e veio logo informar ao rei Creonte. Este, já mais próximo do local, ao perceber uns sons confusos de tristes lamentos, deu um grande grito de dor lamentando-se:

"Infeliz de mim! Será que o coração não me engana? Estarei eu andando pelo mais desgraçado caminho de quantos já andei? A voz de meu filho me perturba. Vamos, servos, ide depressa e, chegando ao sepulcro, removei as pedras que fecham a entrada da caverna, penetrai nela e atentai se a voz é de Hêmon ou se são os deuses que me estão enganando."

Obedecendo às ordens do nosso desolado rei, constatamos isto: bem no fundo da caverna tumular vimos a moça suspensa pelo pescoço, enforcada num laço feito de tiras de pano, enquanto Hêmon, abraçando-a pela cintura, lamentava a morte da noiva — crime do pai — e as infelizes núpcias. O pai, assim que o vê, solta um gemido terrível, corre para junto do filho, bradando-lhe entre lamentos:

"Infeliz! O que é que fizeste? Que ideia foi a tua? Que desgraça foi que te transtornou o juízo? Sai daqui, filho, eu te imploro!"

---

[5] *Câmara nupcial.* A caverna onde Antígona estava presa.

O filho, porém, crava-lhe dois olhos ferozes, cospe-lhe no rosto e, sem dizer palavra, desembainha a espada para atacá-lo. O pai frustra-lhe o golpe, esquivando-se. O infeliz, então, furioso, sem mais, atira-se contra a espada, que se lhe enterra no lado até o meio e, vivo ainda, envolve a virgem com os desfalecidos braços. Arfa-lhe o peito, e o sangue, espadanando, vai borrifar de púrpura o pálido rosto da companheira morta.

Lá jaz agora o seu cadáver junto do outro cadáver. Coube-lhe em sorte, ao desditoso, celebrar os ritos nupciais na morada de Hades, mostrando bem claramente que a insensatez é o maior dos males que infelicitam o homem.

Sai Eurídice, de cabeça baixa, sem dizer palavra.

CORIFEU

Que pensas desse gesto, mensageiro?
Estou pasmo. A rainha retirou-se
sem proferir sequer uma palavra,
nem boa nem má.

MENSAGEIRO

Eu também estou estupefato. Contudo, tenho esperança de que ela, ouvido o doloroso caso do filho, julgou melhor não lamentar-se em público, mas chorar a desgraça doméstica dentro de casa, diante de suas servas. Sobra-lhe juízo para não cometer algum desatino.

CORIFEU

Não sei. Pra mim, silêncio tão profundo
e gritos excessivos se equivalem.

MENSAGEIRO

Mas, entremos. Quem sabe se, além da dor, não estaria ocultando e reprimindo em seu magoado coração algum propósito secreto? Tens razão: excessivo silêncio é indício de alguma desgraça.

Sai o mensageiro e Creonte aproxima-se, trazendo com dois criados o corpo coberto de Hêmon.

CORIFEU

Eis que ali vem chegando o próprio rei
trazendo ele mesmo a clara prova
não já do crime de outrem cometido,
mas sim, se é que assim posso me expressar,
o corpo de delito do seu próprio crime.

CREONTE

Ah, erros de uma alma insensata e empedernida! Erros que acarretaram mortes! Vede, mortais, que estão juntos o assassino e o assassinado, membros da mesma família. Ah, infelizes determinações minhas! Ó meu filho! Jovem, morreste de prematura morte! Ai de mim! Ai de mim! Morreste, partiste desta vida não por culpa tua, mas por causa de minhas insensatas decisões.

CORIFEU

Ah! Tarde, muito tarde, enxergaste a justiça!

CREONTE

Mísero que sou! Agora estou vendo que foi algum deus que naquela hora me golpeou a cabeça e me empurrou para cruéis caminhos, deitando ao chão e conculcando a minha ventura. Ai, ai, canseiras dos mortais!

Um pajem do palácio real chega correndo.

PAJEM

Senhor, pareces um homem que possui todos os males: desgraças aqui presentes, desgraças dentro de casa, que já haverás de ver.

CREONTE

Que há? Porventura desgraça ainda maior que esta?

PAJEM

A tua esposa, a mãe infeliz deste morto, acaba de morrer, em consequência de recentes ferimentos.

CREONTE

Ah! Insaciável porto de Hades! Por que me arruínas assim? Por quê? Ó mensageiro de infortúnios, o que dizes? Mataste a quem já estava morto. O que estás dizendo, filho? Que triste notícia me trazes? Infeliz, infeliz de mim! Sobre o cadáver do filho a morte juntou o da mãe, vítima da fatalidade?

PAJEM

Podes vê-la, pois não está mais no interior da casa.

Abre-se a porta central do palácio e aparece o corpo de Eurídice, trazido pelas jovens servas.

CREONTE

Nova desgraça diante de meus olhos! Como sou infeliz! Qual, qual a desgraça que ainda me está reservada? Nas minhas mãos trazia há pouco o cadáver de meu filho; agora, na minha frente está o cadáver de minha esposa. Ah! ah! mãe desventurada! Ah! filho!

PAJEM

Estava a rainha ao pé do altar. Depois de lamentar a tristemente célebre morte de Megareu[6] e a sorte deste filho e, por último, lançando contra ti, assassino dos filhos, as piores maldições, com um punhal afiado apagou a luz dos olhos.

CREONTE

Infeliz, infeliz de mim! Tremo de medo. Não haverá ninguém para me cravar no peito um punhal de duplo fio? Mal-aventurado que sou! Ai! ai! A que tristes calamidades me acho acorrentado!

PAJEM

Ao morrer, ela te acusou de seres a causa destas e das anteriores desgraças.

CREONTE

De que maneira suicidou-se ela?

---

[6] *Megareu*. Filho de Creonte e de Eurídice. Pereceu na luta para defender Tebas, juntamente com Etéocles.

PAJEM

Ao receber a pungente notícia da morte do filho, ela transpassou o coração com um punhal.

CREONTE

Ai de mim! A ninguém cabe a culpa destas desgraças, que não a mim. Fui eu que te matei, mulher, eu, um homem desgraçado! Confesso-o abertamente. Levai-me daqui, servos, levai-me quanto antes, que eu sou menos que nada.

CORIFEU

É vantajoso o que ordenas,
se é que pode haver vantagem
em meio a tantas desgraças.
Os teus males, sendo curtos,
se tornam menos pesados.

CREONTE

Que venha, que venha a última, a mais desejada,
a melhor das sortes, trazendo o término de minha
vida. Que venha, que venha para que eu não mais
veja a luz do dia...

CORIFEU

Isso pertence ao futuro.
Importa agora cumprires
os deveres do momento.

Disso que pedes se ocupe
quem tiver essa incumbência.

CREONTE

Contudo, aquilo que ora suplico é meu único desejo.

CORIFEU

Agora não peças nada,
pois não pertence aos mortais
afastar os infortúnios
fixados pelo destino.

CREONTE

Retirai daqui este homem insensato e inútil, o qual..., ó filho, sem querer, te matou e a ti também, Eurídice! Ai! desventurado! Não sei em qual dos dois pousar os olhos, não tenho aonde volver-me. Só me resta em mãos a desgraça. Assim, desabou sobre minha cabeça um destino insuportável.

Sai Creonte lentamente, conduzido ao palácio pelos pajens.

CORO

O fundamento da felicidade
sempre foi e será a sensatez.
Jamais se deve ser irreverente
com os deuses. A empáfia nas palavras
acarreta aos soberbos terríveis castigos
e, afinal, na velhice, lhes ensina
a ser prudentes, moderados e sensatos.

FIM

Este livro foi impresso no
Sistema Digital Instant Duplex da Divisão Gráfica da
DISTRIBUIDORA RECORD DE SERVIÇOS DE IMPRENSA S.A.
Rua Argentina, 171 - Rio de Janeiro/RJ - Tel.: (21) 2585-2000